Bairisch für Kinder

Das Bildwörterbuch

Illustrationen von Gisela Specht
Konzeption und Text von Ruth und Detlef Reich

ANACONDA

Mei Dahoam

Buidl
Dia
Kich
Debfal
Bladdn
Obba
Ofa
Mam
Disch-
duach
Zwetschgn-
datschi
Kafähafal
Deandl
Fuasbodn

Im Kindazimma

Nachdgwand
Loadda
Boi
Beddschdod
Schbezi
fingahaggln
Biacha
Kazznbrazzal

Aufm Schbuibloz
Oachkatzlschwoaf
obehubbfa
Buzal
naufhem
auffegraxln
grom
Schnägg
Gruam
Schaufal

Fangamandl
Baam
faschdegga
suacha
dellefonian
Rutschn
ziang
Schdeggal
Roischua
Dreiradl
Kiwal

In da Schui

Dofe
oans
zwoa
1 + 62 – 2 =
Rechnaufgab
mäidn
nochdenga
Babiafliaga
Buggl
Schuiranzn
Schbiggzeddl

Buachschdam
B C
A Γ
Schuiua
Wiafe
Misdkiwe
hubbfads
Wassa
Abbfebuzzn
Learabuidd
Bruin
a Bladl Babia
Fedamabbal
schraim

Auf da Wiesn

Keddnkarussäi
Gaudi
Schdandl
Lebkuachaheazal
Bixn
Brezn
weafa
Zuggawadd
Ledahosn
Diandl

Achdabaan
Wong
Biazäidd
Blosmusi
Drombäddn
Biafassl
Gamsbaat
Brodhendl
Massgriagl
Boandl

Voa da Schandarmarie

zoang
luan
Wachschdum
Fakäasschuidl
POLIZEI
Bolidäss
Schdrafzeddl
Schdrass
Wachdmoasda
Handschäin
Bisdoin
Gullideggl

Aufm Bauanhof

Bianbam
Haiboin
Daum
Buidog
Baua
gäiwe Ruam
Paradaisa
Eadäbfe
Goggl
graan
Misdgowe

Im Diabargg
Groggodui
Oawaschl
schbeim
Parablü
Wäadda
fuadan
Basäng
Drebbm
daucha
nausgfoin

Wuidpfeadl
Wassabiffe
Andn
Glanda
bruin
Bläschl
se
fiachdn
Eadmandl
schaung
Aidaxl

Auf da Oim
Gibbfegraiz
Hiddn
Beagsä
jodln
holladiooo
Kuaflon
daschregga
Fäisn
Feanglasl
Schwammal
Woibbadinga

Woiggn
Himme
Gamsbogg
Woid
Huad
ouhouu
Wandaschua
Semme
Kas
Radi
Brodzeid

Beim Fuasboi

Zuaschaua
juwän
Laddn
Eggn
Fuasboi
Doa
schiassn
Schbuifäid
Wadlschdrumbf
Wäbbs
Limmoflaschl

Beim Dogda

omäiddn
Kaasbladdl
waadn
Xundhaizkadn
Gruggn
Gibbshax
Schaar
Fabandszeig
Draawuam
Binzäddn
biggn

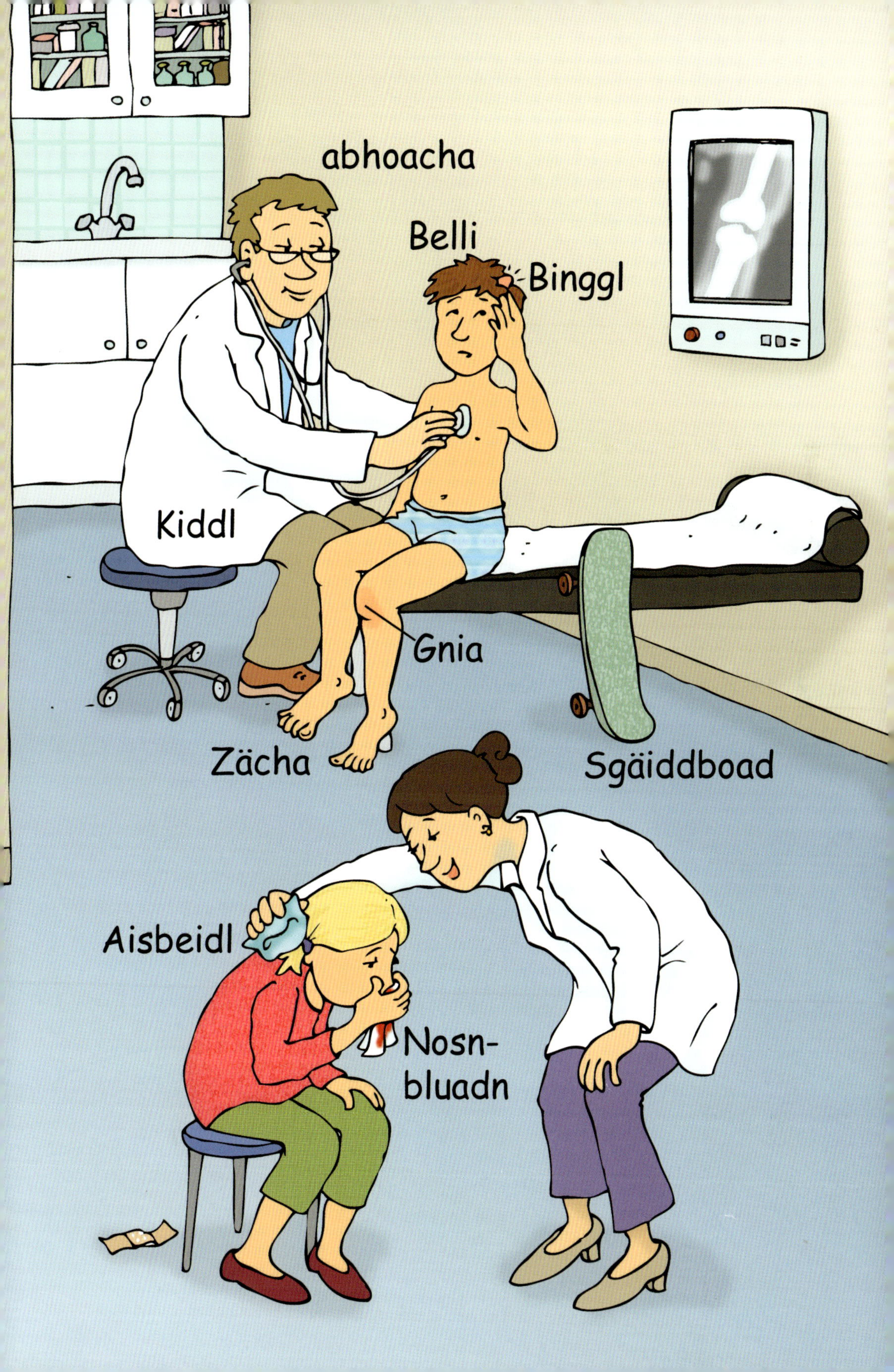
abhoacha
Belli
Binggl
Kiddl
Gnia
Zächa
Sgäiddboad
Aisbeidl
Nosn-
bluadn

Da Kini

Gschlos
Diam
Haisa
raiddn
Hiasch
Winddajaggn
Schnämo
Hos
Schliddn
Fuasschdabfa

Zibbfemizzn
Dannabam
Grona
Goidkeddn
Schweadd
Dina
Wabbm
Rosboin
winga
Woischoi

Wörterverzeichnis

A

a	ein
Abbfebuzzn	Apfelrest
abhoacha	abhören
Achdabaan	Achterbahn
Aidaxl	Eidechse
Aisbeidl	Eisbeutel
Andn	Ente
auffegraxln	hinaufklettern
aufhoiddn	aufhalten
aufm	auf dem

B

Baam	Bäume
Baaz	Schlamm / Dreck
Babba	Papa
Babiafliaga	Papierflieger
bäin	bellen
Bandoffe	Pantoffel
Basäng	Wasserbecken
Baua	Bauer
Bauanhof	Bauernhof
Beagsä	Bergsee
Beddschdod	Bett
Belli	Kopf
bfeiffa	pfeifen
Biacha	Bücher
Biafassl	Bierfass
Bianbam	Birnbaum
Biazäidd	Bierzelt
biggn	kleben
Binggl	Beule
Binzäddn	Pinzette
Bisdoin	Pistole
Biwal	Küken
Bixn	Büchse / Dose
Bladdn	Glatze
Bladl Babia	Blatt Papier
Bläschl	Zunge
Bleame	Blumen
Blosmusi	Blasmusik
Boandl	Beinchen / Knochen
Boi	Ball
Boisda	Polster / Kissen
Bolidäss	Politesse
Bolizeiwong	Polizeiwagen
Brezn	Brezel
Brodhendl	Brathähnchen
Brodzeid	Brotzeit
Bruin	Brille
bruin	brüllen
Bua	Junge
Buachschdam	Buchstaben
Bubbmwong	Puppenwagen
Buggl	Rücken (Buckel)
Buidl	Bild / Bilder
Buidog	Bulldog / Traktor
bussln	Küsschen geben
Buzal	kleines Kind

D

da	der
Dahoam	Zuhause
Dannabam	Tannenbaum / -bäume
daschregga	erschrecken
daucha	tauchen
Daum	Tauben
Deandl	Dirndel / Mädchen / Tochter
Debfal	Töpfchen
Deifi	Teufel
dellefonian	telefonieren
Dia	Tür

Diabargg	Tierpark
Diam	Türme
Diandl	Dirndl (Tracht)
Dina	Diener
Dischduach	Tischdecke
Doa	Tor
Dofe	Tafel
Dogda	Arzt
Draawuam	Drehwurm / Schwindel
Drebbm	Treppe
Dreiradl	Dreirad
Drombäddn	Trompete

E

Eadäbfe	Erdäpfel / Kartoffeln
Eadmandl	Erdmännchen
Eggn	Ecke

F

Fabandszeig	Verbandszeug
fafoing	verfolgen
Fagge	Ferkel
Fäisn	Felsen
Fakäasschuidl	Verkehrsschild
Fangamandl	Fangen-Spiel
Fänschoi	Fan-Schal
faschdegga	verstecken
Feanglasl	Fernglas
Fedamabbal	Federmäppchen
fingahaggln	fingerhakeln
Freindin	Freundin
fuadan	füttern
Fuasbodn	Fußboden
Fuasboi	Fußball
Fuasschdabfa	Fußstapfen / Fußabdrücke

G

gäiwe Ruam	gelbe Rüben / Karotten
Gamsbaat	Gamsbart (Trachtenhut-Schmuck)
Gamsbogg	Gamsbock
Gaudi	Spaß
Gibbfegraiz	Gipfelkreuz
Gibbshax	Gipsbein
Glambfm	Klampfe / Gitarre
Glanda	Geländer
Gleidl	Kleid
Gnia	Knie
Goggl	Hahn
Goidkeddn	Goldkette
graan	krähen
Greafuada	Grünfutter
Groggodui	Krokodil
grom	graben
Grona	Krone
Gruam	Grube
Gruggn	Krücke
Gschlos	Schloss
Gullideggl	Gullideckel

H

Haiboin	Heuballen
Haisa	Häuser
Handschäin	Handschellen
Henaschdoi	Hühnerstall
Hiasch	Hirsch
Hiddn	Hütte
Himme	Himmel
Hos	Hase
Huad	Hut
hubbfads Wassa	Mineralwasser
Hubm	Hupe

J

jodln	jodeln
juwän	jubeln

K

Kaasbladdl	Käseblatt / Zeitung
Kabbm	Kappe
Kafähafal	Kaffeebecher / große Tasse
Kas	Käse
Kaschbal	Kasperl
Kasdn	Kasten / Schrank
Kazznbrazzal	Katzenpfötchen
Keddnkarussäi	Kettenkarussell
Kia	Kühe
Kich	Küche
Kiddl	Kittel
Kindazimma	Kinderzimmer
Kini	König
Kiwal	kleiner Eimer
Kuaflon	Kuhfladen

L

Laddn	Latte
laffa	laufen
Laiwal	Leibchen / Weste
Learabuidd	Lehrerpult
Lebkuachaheazal	Lebkuchenherz-chen
Ledahosn	Lederhose
Limmoflaschl	Limonadenflasche
Loadda	Leiter
luan	spähen, beobach-ten

M

mäidn	melden
Madl	Mädchen
Mam	Mama
Massgriagl	Maßkrüge
mei	mein
Millikanna	Milchkannen
Minga	München
Misdgowe	Mistgabel
Misdkiwe	Mistkübel / Abfalleimer

N

Nachdgwand	Nachthemd / Schlafanzug
naufhem	hinaufheben
nausgfoin	hinausgefallen
nochdenga	nachdenken
Nosnbluadn	Nasenbluten

O

Oa	Ei / Eier
Oachkatzlschwoaf	Eichhörnchen-schweif
oans	eins
Oawaschl	Ohr
Obba	Opa
obehubbfa	hinunterhüpfen
Ofa	Ofen
Oim	Alm
om	oben
omäiddn	anmelden

P

Parablü	Regenschirm
Paradaisa	Tomaten

R

Radl	Rad
raiddn	reiten
Rechnaufgab	Rechen-aufgabe

Roischua	Rollschuhe
Rosboin	Pferdeapfel / Pferdemist
Rutschn	Rutsche

S

Schaar	Schere
Schandarmarie	Polizeiwache
Schaufal	Schäufelchen
schaung	schauen
schbeim	spucken
Schbezi	guter Freund
Schbiggaschaim	Dartscheibe
Schbiggzeddl	Spickzettel
Schbuibloz	Spielplatz
Schbuifäid	Spielfeld
Schbuizeigkisdn	Spielzeugkiste
Schdandl	Verkaufsstand
Schdeggal	Stöckchen
schdibizn	stibitzen / stehlen
Schdoin	Stollen
Schdrafzeddl	Strafzettel
Schdrass	Straße
Schdriggliesl	Strickliesel
Schdui	Stuhl
schiassn	schießen
Schiri	Schiedsrichter
Schliddn	Schlitten
Schnägg	Schnecke
Schnämo	Schneemann
schraim	schreiben
Schui	Schule
Schuiranzn	Schulranzen
Schuiua	Schuluhr
Schwammal	Schwammerl / Pilz
Schweadd	Schwert
Schwoim	Schwalbe / vorgetäuschtes Foulspiel
se fiachdn	sich fürchten
Semme	Brötchen
Sgäiddboad	Skateboard
Sogga	Socke
suacha	suchen

U

undd	unten
Unfoi	Unfall

V

voa	vor

W

Wäadda	Wärter
waadn	warten
Wabbm	Wappen
Wäbbs	Wespe
Wachdmoasda	Wachtmeister
Wachschdum	Wachstube
Wadlschdrumbf	Wadenstrumpf
Wandaschua	Wanderschuhe
Wassabiffe	Wasserbüffel
weafa	werfen
Wiafe	Würfel
Wiaschdl	Würstchen
Wiesn	Oktoberfest
Wimbbe	Wimpel / Fähnchen
Winddajaggn	Winterjacke
winga	winken

Woi	Wolle
Woibbadinga	Wolpertinger / bayerisches Fabeltier
Woid	Wald
Woiggn	Wolke
Woischoi	Wollschal
Wong	Wagen
Wuidpfeadl	Wildpferde

X

Xundhaizkadn	Gesundheitskarte

Z

Zächa	Zehen
ziang	ziehen
Zibbfemizzn	Zipfelmütze
zoang	zeigen
Zuaschaua	Zuschauer
Zuggawadd	Zuckerwatte
Zwetschgndatschi	Pflaumenkuchen
zwoa	zwei

Die Deutsche Nationalbibliothek verzeichnet diese Publikation in der Deutschen Nationalbibliografie; detaillierte bibliografische Daten sind im Internet unter http://dnb.d-nb.de abrufbar.

Illustrationen Innenteil und Umschlag: Gisela Specht,
www.specht-illustration.de
Konzeption und Text: Ruth und Detlef Reich
Satz: Irina Klass, Köln
Printed in Czech Republic 2019
ISBN 978-3-7306-0781-7
www.anacondaverlag.de
info@anacondaverlag.de